Тигр

Китайский

Гороскоп

2024

Алина А. Руби и Анжелина А. Руби

Введение

Китайский календарь - древний и сложный, он никогда не был упрощен. Во многих культурах лунный календарь заменялся солнечным.

Китайский, исламский и еврейский календари управляются лунными фазами. Это сложная система, поскольку они управляются не только лунными циклами, но и включают в себя солнечный цикл, цикл Юпитера и Сатурна.

Китайцы считают, что универсальная энергия управляется балансом. Важнейшим элементом этого баланса является концепция Инь и Ян. Инь противоположна Ян и наоборот, но вместе они достигают полного равновесия. Эта энергия присутствует во всем сущем, как в материальном, так и в нематериальном.

Символ Инь/Ян разделен на две половины, одна из которых черная (Инь), а другая белая (Ян). Обе части соединены посередине эллипсом, который соединяет их вместе, образуя кривую. Их черный и белый цвета означают, что существует дуализм, и для того, чтобы существовало одно, необходимо, чтобы несомненно существовало и другое.

Внутри Инь находится круг Ян, который символизирует, что тьма всегда требует света. Внутри Ян находится круг Инь, указывающий на то, что внутри света мы всегда найдем тьму.

Объединяющий их эллипс означает, что все течет, трансформируется и развивается. При дисбалансе двух энергий, Инь или Ян, наша жизнь не сбалансирована, так как вместе они усиливают друг друга. Мы никогда не должны думать, что одна энергия превосходит другую, они должны совпадать в равной степени.

К сожалению, в нашем обществе существует тенденция отдавать предпочтение энергии Ян, считая, что ее характеристики являются наиболее значимыми.

Тем самым мы создаем разделение между духовным и материальным планом, поскольку, уменьшая значение энергии Инь, мы становимся менее рефлексивными, считая, что восприимчивость — это нечто негативное, так как подразумевает хрупкость.

То же самое происходит и с темнотой, мы не только избегаем ее, но и боимся ее. Обе энергии важны. Мы можем быть духовными существами только тогда, когда существует баланс между Инь и Ян, потому что вы не только светлые, но и темные. Ошибочно ценить и отдавать предпочтение сильному, или действию. Мы должны ценить женское начало и чувствительность, потому что только так мы можем достичь истинного равновесия нашего существа, с позиции любви и твердости.

В знаках китайского зодиака присутствуют энергии Инь и Ян, и именно они определяют характеристики каждого животного и связанные с ними стихии.

Июньская энергия связана с темным, холодным, женским началом, абстракцией, глубиной и Луной. Июньские знаки вдумчивы, чувствительны и любопытны. Это окси, Кролик, Змея, Коза, Петух и Свинья.

Энергия Ян связана со светом, теплом, поверхностью, Солнцем и логическим мышлением. Это импульсивные и материалистичные знаки. Это Крыса, Тигр, Дракон, Лошадь, Обезьяна и Собака.

Энергии Инь и Ян связаны со стихиями, которые, в свою очередь, будут вытекать из годов, в которые они происходят. Каждый элемент обладает энергией Инь и Ян.

- *Годы, оканчивающиеся на цифру **0**, имеют элемент Металл и связаны с энергией Ян.*

- *Годы, оканчивающиеся на цифру **1**, имеют элемент Металл и связаны с энергией Инь.*

- *Годы, оканчивающиеся на цифру **2**, **относятся к** стихии Воды и связаны с энергией Ян.*

- *Годы, оканчивающиеся на цифру **3**, относятся к стихии Воды и связаны с энергией Инь.*

- *Годы, оканчивающиеся на цифру **4**, имеют элемент Дерево и связаны с энергией Ян.*

- *Годы, оканчивающиеся на цифру **5**, имеют элемент Дерево и связаны с энергией Инь.*

- *Годы, оканчивающиеся на цифру **6**, имеют стихию Огня и связаны с энергией Ян.*

- *Годы, оканчивающиеся на цифру **7**, имеют стихию Огня и связаны с энергией Инь.*

- *Годы, оканчивающиеся на цифру 8, имеют элемент Земли и связаны с энергией Ян.*

- *Годы, оканчивающиеся на цифру **9**, имеют элемент Земли и связаны с энергией Инь.*

Общие предсказания на год Дракона

10 февраля 2024 года начинается сенсационный Год Зеленого Деревянного Дракона, который, согласно китайской астрологии, символизирует жизнь, перемены и рост. Связанная с ним планета - Юпитер, планета благотворная; мы будем пожинать плоды, посеянные в 2023 году.

Год Дракона в 2024 году принесет нам удачу, процветание, благополучие и прогресс. У нас будет много возможностей для роста и трансформации, но также и вызовов, и сложностей, что подчеркнет необходимость прощения, сопереживания и принятия мирных решений.

В годы, когда стихией является дерево, жизнь вознаграждает людей общительных и профессиональных. Получение высшего образования или путешествие — вот некоторые из возможностей этого года.

У нас будет возможность развить свои лидерские качества, это год новых начинаний и создания структур, которые сохранятся надолго. Этот год Дракона благоприятен для перемен и роста, так как энергия деревянного дракона способна вдохновлять на новаторские идеи и возвышать наше воображение.

Мы переживем несколько этапов, которые будут полны трудностей, но именно в эти моменты мы должны использовать энергию дракона, чтобы добиться успеха и преодолеть трудности.

В этом году не стоит забывать, что дракон олицетворяет перемены и адаптивность - характеристики, которые помогут нам расти и обновляться.

2024 год будет насыщен возможностями для развития, мы переживем множество политических, экономических, реляционных и экологических конфликтов, что подчеркнет, что мирные решения — это ответ на любую проблему.

Этот год будет стимулировать нас к новым делам и развитию предпринимательства, так как энергия Дракона, его качества смелости и амбициозности будут вдохновлять нас.

Мы разовьем множество адаптационных способностей, а терпение и настойчивость позволят нам преодолеть все невзгоды и продвинуться к победе.

Этот год также благоприятен для работы над своим духовным ростом, особенно важно сохранять концентрацию на своих целях.

В целом, это будет год позитивных перемен и значительных достижений в нашей жизни, когда мы сможем найти любовь, укрепить отношения, добиться экономического и духовного процветания.

Происхождение китайского гороскопа

Китайский гороскоп — это традиция, насчитывающая более 5000 лет и основанная на лунных годах.

По преданию, Будда позвал всех животных, однако на его зов явились только двенадцать в следующем порядке: крыса, бык, тигр, кролик, дракон, змея, лошадь, коза, обезьяна, петух, собака и свинья.

Каждое животное получало в подарок год, образуя двенадцатилетний цикл, используемый в китайской астрологии. Таким образом, каждый знак имеет название животного, и каждому животному соответствует свой год.

Каждому животному также была присвоена одна из пяти стихий, соответствующих планетарным энергиям:

- Элемент воды (планета Меркурий)
- Металлический элемент (планета Венера)
- Элемент огня (планета Марс)
- Элемент дерева (планета Юпитер)
- Элемент Земля (планета Сатурн)

Китайский гороскоп выражает аналогию космических энергий с каждым человеком. Поэтому энергия каждого человека представлена одним из двенадцати животных, образующих эту зодиакальную систему.

Каждое животное и соответствующая ему энергия определяются датой вашего рождения. Эти энергии определяют ваше поведение и восприятие мира.

Для китайцев эти знаки символизируют наиболее яркие особенности нашего характера. Чтобы правильно понять значение животных, мы должны рассматривать их как духовные символы.

Китайский гороскоп не основан на солнечном цикле, на котором базируется западный гороскоп. Он основан на циклах Луны.
Каждый лунный год имеет двенадцать новолуний, а каждые двенадцать лет - тринадцатое, поэтому наступление нового года никогда не совпадает с датой наступления предыдущего года.

Двенадцать животных китайского гороскопа влияют на жизнь, удачу и волю всех людей. Эти качества не проявляются открыто в повседневной жизни, но они всегда присутствуют, действуя в виде скрытых сил.

Китайский период в двенадцать лет связан с транзитом планеты Юпитер, и каждый китайский лунный год в западной астрологии соответствует продолжительности транзита Юпитера по знаку зодиака.

В западной астрологии Юпитер всегда находится в том знаке, который традиционно соответствует животному в китайском гороскопе.

Элемент 2024 года - дерево. Дерево - творческий элемент. Если эта стихия соответствует вам по году рождения, то вам следует направить эту энергию в творческое русло.

Дерево символизирует сострадание и терпимость. Если вы хотите воспользоваться этими энергиями, важно в течение всего года окружать себя натуральными растениями, цветами и зелеными предметами.

Дерево - элемент, связанный со способностью проектировать и принимать решения, поэтому 2024 год будет годом развития, эволюции и расцвета.

Этот элемент связан с пищеварением, дыханием, сердцем и обменом веществ, и в традиционной китайской медицине он гарантирует непрерывный энергетический поток. Применительно к чувствам это означает правильное выражение наших эмоций.

В течение 2024 года дерево поможет нам обрести осознание и понимание объективной реальности. Оно принесет нам твердость и эмпатию в отношениях.

Дерево, связанное с нашей личностью, принесет нам необходимую дозу энтузиазма, решительности и динамизма, чтобы мы могли действовать и противостоять всем вызовам этого года.

Дерево - элемент, необходимый нам в этом году для принятия необходимых решений, для перемен, которые крайне важны.

Благодаря этому элементу мы будем иметь правильные стратегии, способность организовывать и сохранять контроль над всеми процессами, но при этом сохранять гибкость.

Значение стихий в китайском гороскопе

Металл

Люди, родившиеся в годы, оканчивающиеся на 0 или 1 в китайском гороскопе, относятся к стихии металла. Металл, из которого делают щиты и мечи, - элемент, символизирующий твердость и честность, а также суровость.

Металл - элемент осени, сезона урожая и изобилия. Он двойственен, как и функции его стихии, поскольку в виде меча он ликвидирует, а в виде ложки - питает. Металл происходит из земли, в нем доминирует Огонь, и он преображает дерево.

Личность этих людей, принадлежащих к стихии металла, имеет ярко выраженную амбивалентность. Лучше всего им работается в одиночестве, так как они ни перед кем не отчитываются.

Они целеустремленны, вершат свою судьбу, упрямы, профессиональны и равнодушны к любым попыткам компромисса. Свобода для них превыше всего, и бесполезно пытаться давить на них, а тем более помогать им, потому что они никого не слушают и не приемлют вторжений и препятствий. Они полагаются только на себя и не позволяют никому произвести на себя впечатление, поскольку они сильны и способны совершать великие дела.

Для них не существует трудностей, которые могут их остановить, и даже если ситуация становится несостоятельной, они сопротивляются до конца. Они амбициозны и расчетливы, любят деньги, власть и успех, и не пожалеют средств для достижения своих целей, даже если это будет означать разрыв отношений.

Они предназначены для профессий, позволяющих проявить свою стихию: ювелиры, финансисты, страховщики любого рода, слесари, шахтеры, хирурги, а также для любого контекста, который позволяет им выделиться среди других. Они также могут быть успешны в профессиях, связанных с деревом или бумагой. Профессии, связанные с водой, принесут им пользу, профессии, связанные с землей, могут вызвать конфликты, а от профессий, связанных с огнем, следует держаться подальше.

Их не интересуют чувства, их не трогают трудности других людей, и они манипулируют ими, если могут получить преимущество. Страдают от этого именно люди стихии дерева, поскольку она манипулирует ими и подавляет их лобовой агрессией. Однако люди водной стихии, поскольку они восприимчивы, получают эффективный толчок, который приносит им огромную пользу.

Единственные, кто действительно может их согнуть, — это люди, принадлежащие к стихии Огня, так как они с заразительной эмоциональностью доминируют над их бесчувственностью и суровостью.

Физически человека стихии металла можно узнать по его печальному виду и анемичному цвету лица.

Это хрупкое, склонное к стрессам животное, на которое могут повлиять перепады температуры и неправильное питание. Поэтому необходимо стимулировать их аппетит, делая упор на острые блюда.

Наиболее благоприятный сезон для них - осень, в это время они могут максимально раскрыть свой потенциал, но это не значит, что нужно переусердствовать или упрямиться.

Он должен носить белые одежды, использовать металлы и белый кварц в качестве амулетов.

Металл - жесткий и непреклонный, не боится опасности. Это независимый тип личности, который, движимый жадностью, действует настойчиво, концентрируется на успехе, планирует, не приемлет спонтанного.

Приняв однажды выбранный путь, он уже не меняет его. Несмотря на внешнюю невосприимчивость, люди этой стихии излучают магнетизм, который воспринимается всеми, с кем они общаются.

Однако, чтобы воспользоваться своими навыками, они должны

научиться быть менее догматичными, так как это мешает их взаимоотношениям.

Люди, родившиеся под знаком металла, должны заниматься самообразованием, чтобы уметь выражать свои эмоции.

Если они этого не сделают, то почувствуют, что их энергия уменьшается.

Земля

Люди, родившиеся в годы, оканчивающиеся на цифры 8 или 9, относятся к стихии Земли. Этой стихии соответствуют такие характеристики, как стойкость, упорство и плодовитость. Хотя в китайской астрологии Земля не имеет собственного сезона, в календаре она связана с последними двумя-тремя неделями других сезонов.

Земля - стихия, олицетворяющая стабильность и осязаемость, но при избытке она превращает людей в осторожных, подозрительных и упрямых, ограничивая их инициативы и фантазии.

Человек стихии Земли терпелив и скромен, всегда работает с постоянством, не давая себе ни секунды на радость или расстройство. Он никогда не устает и, может быть, как жадным и материалистичным, так и наивным и благоразумным. Самая несомненная его черта - подчеркнутое уныние. Он слишком серьезен, любит планировать и руководить, ужасно боится случайностей, и, хотя он умен и обладает исключительной памятью, ему мешает выглядеть блестяще.

Ненасытно рефлексирующий, амбициозный и тревожный, он, таким образом, подвержен перезарядке селезенки - органа, связанного с этой стихией и ослабленного при резкой психике человека.

Человек, принадлежащий к этой стихии, завязывает личные отношения постепенно, но надолго. Он очень предан и защитник в любви, всегда готов заключить договор и выполнять свои обязанности, и, хотя он не демонстративен в своих эмоциях, является плечом, на которое всегда можно рассчитывать, потому что он будет рядом в те моменты, когда вам это необходимо.

В работе они серьезны и уединены, но при этом организованны и надежны. Это именно те люди, которые ведут дела с моралью, строгостью и несгибаемой честностью. Рассудительность делает их непревзойденными посредниками в решении проблем, способствуя своим практичным и удобным выходам. Они подходят для профессий, требующих сноровки, но не предполагающих инициативы и лидерства.

Хотя ее нелегко переносить из-за капризности, ностальгии и неумения быть жизнерадостной, она хорошо взаимодействует с элементом металла, которому придает стабильность, и с водой, которую ей удается сдерживать и умело управлять.
Обычно он конфликтует с элементом Дерева, который хотя и защищает его, но иногда и душит, а также с Огнем, который подгоняет его в той же мере, в какой и ослабляет.

Элемент земли связан с планетой Сатурн. Вы должны быть невероятно осторожны с потреблением сладостей, которые Вы любите, поскольку они связаны с Вашей стихией.

Они должны всегда выбирать натуральные сладости и ограничивать употребление белого сахара, так как он разрушает кальций в костной системе.

Другим его слабым местом является пищеварительная система, которая обычно сильно наказывает его, поэтому ему следует придерживаться легкой и легкоусвояемой диеты. Рекомендуется стремиться к прямому контакту с Матерью-Землей, ходить босиком по песку или в поле.

Его счастливый цвет - желтый, а кварц - топаз и цитрин.

Земля олицетворяет богатство, разумность, материализм и безопасность. Эти люди склонны к интроспекции, что обусловливает их высокую способность к рассуждениям. Земля - вместилище жизни, и это накладывает неизгладимую печать на тех, кто родился под влиянием этой стихии, поскольку это стабильные люди, которым можно делегировать полномочия.

Земля питается огнем, вырабатывая огромную энергию, которая нагревает и плавит металл, подчиняет себе воду и поглощает дерево.

Чтобы чувствовать себя хорошо, человеку стихии Земли необходима материальная обеспеченность, хотя следует отметить, что он трудолюбив, формален и организован.

Их можно упрекнуть в претенциозности, но в силу своих достоинств они продвигаются к цели медленно, получая стабильные результаты.

Пожар

Люди, родившиеся в годы, оканчивающиеся на 6 или 7, соответствуют стихии огня. К этой стихии относятся страсть, смелость, лидерство. Стихия огня — это стихия летнего сезона, когда все плодоносит и достигает своего завершения. Она связана с планетой Марс, благотворной, но иногда импульсивной. Она чрезмерно стерильна и символизирует человека, который преуспевает, но при этом плохо обращается с другими. Бойкий, тщеславный, раздражительный, человек этой стихии переходит от гнева к безудержной радости.

С детства он обладает лидерскими качествами, в его жизни присутствует честолюбие, он любит опасности, смех, энтузиазм, конфликты. Трудности, вместо того чтобы обескуражить, побуждают его к действию, и в этих случаях с ним происходят бурные метаморфозы.

Эти люди рождены побеждать, но не умеют этого признать, потому что не умеют наблюдать за собой и использовать свою энергию. Они великолепны в военном деле, в спорте, в качестве начальников, поскольку остальные гибнут перед их харизмой.

Они умеют пользоваться энергиями стихии дерева, используя их гений себе на службу, и вызывают у людей стихии земли жизненную смелость двигаться вперед.

Люди водной стихии склонны гасить свою страсть, а люди металлической стихии подвергают ее испытанию жесткостью, истощающей их энергетическое поле.

Наиболее легко повреждаемым органом у этих людей является сердце, возможна тахикардия. Кроме того, они могут страдать от проблем с ушами и кишечником. Им следует носить одежду ярких цветов, среди которых преобладает красный, и использовать в качестве амулетов кварц, например гранат или гематит. Также следует использовать благовония и свечи.

Эти харизматичные, энергичные и беспринципные люди хорошо общаются и нацелены на действие. Их эгоизм и стремление к успеху не поддаются исчислению, и они полагаются только на собственное мнение. Они склонны пренебрегать деталями, иногда проявляют упрямство и берутся за достижение целей, требующих напряженной работы.

Люди, рожденные под влиянием стихии огня, позитивны, всегда отдают все силы и с любовью и желанием берутся за любое дело. Их энергия служит для поддержания окружающих, которым ее не хватает.

Огонь обогревает жилище; с его помощью мы готовим пищу. Эта стихия питает землю через пепел, питается сухим деревом, ее тепло доминирует над металлом, то есть делает его гибким, а доминировать над ним может только вода.

Лидер всегда обладает избытком стихии огня и склонен к быстрому принятию решений. Его привлекают нестандартные идеи, он не боится опасности и всегда находится в движении.

Важно научиться обладать эмоциональным интеллектом, потому что высокомерие может усилить ваш эгоизм и сделать вас неуправляемым, особенно когда вы сталкиваетесь с препятствиями.

Этот само разрушительный стиль ярко выражен в юности.

Успех сопутствует людям огненной стихии, но им следует быть слишком осторожными с нестабильностью и неугомонностью, которые являются самыми обычными неадекватными качествами рожденных под огнем.

Лучше овладеть этими недостатками, чтобы не быть порабощенным ими. Им следует искать тихое место, где они могут побыть в покое, а медитация также принесет им равновесие.

Люди стихии огня упорны и прибыльны.

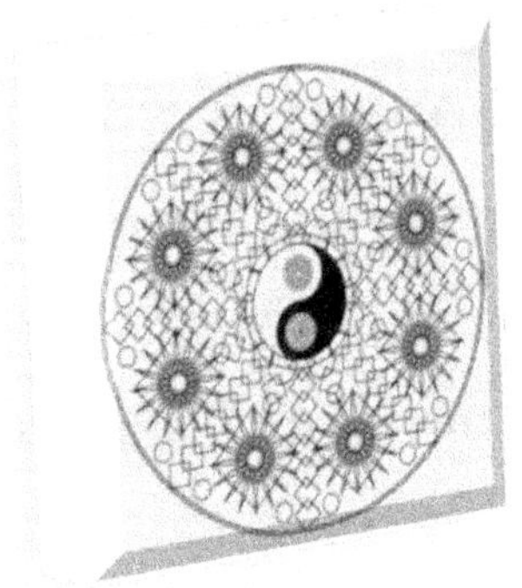

Дерево

Люди, родившиеся в годы, оканчивающиеся на цифры 4 или 5, относятся к стихии дерева. Дерево — это элемент, символизирующий гармонию, красоту и творчество.

Они обладают чрезвычайно высокой степенью уверенности в себе и железной волей, что делает их подходящими людьми для борьбы за правое дело.

Дерево связано с планетой Юпитер, это самая благотворная из стихий, символ постоянства и знания.

Приспосабливаемое, оно удобно гнется и имеет множество применений, характеризуя общительных, дающих и честных людей.

Люди стихии дерева творческие и жизнелюбивые, но иногда они разбросаны и не могут найти свой путь и реализовать свои цели.

Они доверяют другим до невинности и любят общаться со всеми подряд, постоянно открывая для себя что-то новое и удовлетворяя себя. Их привлекает природа и дети, они отдают предпочтение семье.

Иногда они склонны к неоправданным ожиданиям, имеют привычку принижать свое тело, чрезмерно налегать на еду, увлекаться страстью и чувственностью.

Они привыкли выбирать себе в партнеры представителей водной стихии, от

которых черпают смелость и поддержку, и представителей огненной стихии, которых они выгодно снабжают своими блестящими идеями.
Он не очень хорошо уживается с металлическим элементом, который безжалостно его разрушает.

Элемент Дерево узнаваем по зеленоватому цвету. Этим людям следует беречь глаза.

Дерево используется для строительства убежищ, поэтому оно защищает нас. Дерево совпадает с творческими способностями воды, и благодаря этому качеству они понимают и помогают другим.

У рожденных под стихией дерева возникают внутренние конфликты, связанные с необходимостью подчиняться правилам и традициям, где постоянно действует суровый приговор.

Этот элемент питает воду и в то же время является топливом для огня. Его энергию всасывает земля и подчиняет себе металл.

Люди стихии дерева всегда добиваются больших успехов и обладают желанной структурой. Их профессии многогранны.

Они придают огромное значение честности, стремятся найти постоянное место в жизни. Вера в успех и аналитические способности дают им возможность без колебаний решать самые сложные проблемы. Обладая невероятной силой убеждения, они работают во многих областях, поскольку всегда нацелены на развитие и преобразование.

Природная воля помогает им двигаться вперед, они всегда находят поддержку и необходимый капитал, поскольку другие люди рассчитывают на *их способность превращать идеи в богатство.*

Его главное препятствие - доводить дело до крайности. Гнев и сдерживаемый гнев отрицательно влияют на энергии этого элемента. Нахождение вблизи деревьев и прикосновение к ним уравновешивает стихию дерева.

На работе люди, принадлежащие к стихии дерева, отличаются организованностью, умом и находчивостью.

В коммерческой деятельности они более плодотворны, когда работа носит командный характер и хорошо структурирована.

Ни одна сфера деятельности, связанная с их стихией, не является неблагоприятной, но та, что связана с огнем, может повлиять на них, а та, что связана с металлом, погубит их.

Вода

Самый нечувствительный и генетический элемент, аффинный к зиме, долголетию и планете Меркурий, является управителем общения и глубоких привязанностей.

Человек водной стихии чувствителен, но герметичен. Он милосерден, сентиментален, раним, не терпит критики и поэтому предпочитает действовать скрытно, чтобы защитить себя.

Он сердечен, красноречив и в то же время благоразумен, умеет преодолевать неудачи без показухи, с хитростью, проницательностью и настойчивостью. Таким образом, он достигает своих целей косвенно и молча, производя впечатление внимательного и понимающего человека.
Недостаток энергии - проблема для водного элемента, если он не научится уравновешивать свое бессилие силой, которая приходит от размышлений и общения с самыми глубокими частями своего существа. Паника всегда является путеводной нитью его драматической жизни, часто прожитой в темноте из-за страха проявить себя и вступить в борьбу.

На профессиональном уровне они стесняются конкуренции, однако хорошо работают в чистых и защищенных местах, таких как школы, книжные магазины, редакции или любые места, где общение, устное или письменное, является основным механизмом, и в компании мирных коллег, которые соответствуют их личности, например, кто-то из стихии дерева, с которым совпадает стремление к мудрости, или металла, от которого они получают решение.

Напротив, он не приспосабливается ни к огненной стихии, которую он гасит и отталкивает, ни к личностям, принадлежащим к земной стихии, с которыми он чувствует себя ограниченным, обусловленным и затрудненным.
Черный цвет им нравится, но использовать его следует умеренно, поскольку он, как правило, отпугивает их.

То же самое можно сказать и о темных кварцах, притягивающих удачу, таких как джет, оникс, турмалин. Чтобы наилучшим образом использовать их качества, не впадая в крайности и не *распыляясь, человеку водной стихии следует начинать свои планы зимой.*

В позитивные периоды любовных отношений представители этой стихии проявляют нежность, уравновешенность и осторожность - потенциалы, позволяющие им вести себя с необходимой проницательностью, чтобы устранять причины конфликтов, когда они возникают.

Они обладают невероятной способностью к рассуждениям, хотя их замкнутый, глубокий и пасмурный характер приводит к тому, что они склонны к меланхолии. Им также свойственны неуверенность в себе и дерзость. Творчество - одна из основных характеристик представителей этой стихии, а также адаптация, мягкость, милосердие и сочувствие.

Без воды на земле не было бы живых существ, эта стихия чиста и Кристалина - качества, которыми обладают те, кто принадлежит к этой стихии.

Люди, принадлежащие к этой стихии, приветливы и прекрасно владеют собой. Они обладают оригинальной интуицией, которая позволяет им быстро завоевывать. Выносливость и ясность мышления дают им возможность предсказывать события.

Они могут воспринимать способности других людей, эффективно их использовать, но при этом они сдержанны и не позволяют окружающим заметить, что они их используют.

Злоупотребление натрием или алкалоидами, а также жизненные прототипы, отклоняющиеся от общепринятых структур, очень вредны для людей, рожденных под стихией воды.

Соблюдение режима сна, спокойное психическое и эмоциональное состояние, общение с водой восстанавливают гармонию и оптимизируют энергетику.

Люди, принадлежащие к знаку водной стихии, могут иметь профессии, связанные с деревом и огнем, и быть успешными, иметь работу, связанную с их собственной стихией, и отказываться от карьеры, функций и работы, связанных с землей, так как земля подчиняет себе воду.

Совместимость и несовместимость

Совместимость:

Крыса - Дракон - Обезьяна.

Они общаются друг с другом через свои личности, которые постоянно активны и дружелюбны. Все трое старательны, нетерпеливы, полны энтузиазма, неугомонны и всегда имеют в голове высокие устремления. Они полны идей, обладают выдержкой и смелостью, необходимыми для их реализации, и всегда рождают новаторские, неожиданные, удивительные и мощные решения.

Тигр - Лошадь - Собака.

Их объединяет удовлетворение, которое они испытывают при взаимодействии. Их объединяет скромность, достоинство, честность и упрямый альтруизм. Проницательные, проницательные и коммуникабельные, но немного жестокие и строгие, они энергично борются с неравенством, насилием и беззаконием. Эти три знака никогда не продают свою совесть.

Бык - Змея - Петух.

Эти три знака объединяет формальность, разумность и

серьезность, которой они добиваются в своей жизни. Энергичные, предприимчивые и неутомимые, негибкие в своих решениях, они любят все переосмыслить и спокойно спланировать, прежде чем брать на себя обязательства, о которых потом придется пожалеть. Их недостаток - холодность, поскольку разум для них должен преобладать над эмоциями.

Кролик - Коза - Свинья.

Три эмоциональных знака, которых объединяет творчество. Инстинктивные, восприимчивые, чувствительные и замкнутые, они легко приспосабливаются к среде обитания и, будучи хорошими добытчиками, не прочь зависеть от других. Их ежедневные аффирмации всегда содержат в себе слова: совершенство, союз, соответствие.

Примечание: *Противоположные знаки -*
противоположные враги:

Крыса - Лошадь

Бык - Коза

Тигр - Обезьяна

Кролик - Петух

Дракон - собака

Змея - Свинья.

Тигр

Характеристики

Тигр - животное, достойное восхищения. Они могут быть избалованы близкими людьми, но любят держать дистанцию. Иногда окружающие, восхищаясь ими, в то же время относятся к ним с подозрением или даже завистью.

Тигр любит все, что связано с движением, он никогда не бывает спокоен, всегда действует смело, ища самый прямой путь, который приведет его к цели. Они не придают значения форме, для них важна только скорость.

Личность Тигра чрезвычайно привлекательна, они очень хорошо общаются и могут быть лидерами.

Тигр обычно выбирает профессии, связанные с повышенным риском, отвергает спокойные офисные профессии или работу, требующую много времени для достижения результата. При необходимости они обосновывают свои идеи, то, что им не нравится в окружающем мире, они будут кричать об этом и бороться за его изменение. Они не выносят несправедливости и не терпят тех, кто выступает против их идей.

Способность бороться делает их неутомимыми, а эта добродетель в любви просто замечательна. Единственная проблема заключается в том, что, полюбив вас, они могут перестать любить вас, поскольку они немного капризны, а так как им нравится риск и приключения, они предрасположены к изменам.

Они не злопамятны, ревнивы, спонтанны, ласковы, великолепны и обладают уникальным чувством юмора. Тигры нуждаются в самовыражении, а когда они расстроены, то требуют ласки, которая должна быть прозрачной. Быть нестабильным — значит быть недостойным его, а это никогда не приводит к желаемым результатам.

Каким бы меланхоличным он ни выглядел, в каком бы тяжелом отчаянии ни находился в тот или иной момент, никогда не думайте, что он сдастся.

Он ненавидит, когда о нем забывают, и два его самых ярких недостатка - скорость и неуверенность в себе. Если ему удастся найти баланс, он станет победителем.

Его внешность обычно внимательная, невинная и яркая, поэтому он получает много комплиментов. Поэтому даже не думайте смеяться над ним или критиковать его неуместно, никогда не забывайте, что у него красивые скрытые ногти, которые всегда остры.

Тигр любит следить за модой и любит баловать себя, проводя часы в торговых центрах и украшая себя в парикмахерских. Он очень снисходителен и понятлив со своими детьми - качества, которые позволяют ему поддерживать с ними прекрасные отношения.

Тигры романтичны, восторженны и обидчивы. Как мужчины, так и женщины чрезмерно контролируют себя и способны инициировать конфликт, когда обижаются.

Они очень хорошо ладят со Свиньей, которая станет прекрасной приправой к ярости Тигра и обеспечит ему безопасность. Особенно хорошая дружба сложится у Тигра с Собакой, которая способна не только укротить его, но и заставить задуматься. Лошадь также будет прекрасным партнером для Тигра, так как они совпадают во многих жизненных понятиях.

Крыса, Коза, Петух не испытывают трудностей в отношениях с Тигром. Ассоциации Тигра с Косом, Змеей или Обезьяной не подходят.

Тигр

Металлический тигр

Металлические Тигры придают огромное значение своей семейной жизни, так как любят жить в мире и гармонии. Они очень энергичны, но нерешительны и упрямы, поэтому их внутренний мир отличается от того, что они представляют собой на первый взгляд.

Металлические Тигры знают, что работа важна, но они никогда не смешивают ее с семейными делами. Они не экспрессивны, и от них редко можно услышать ласковые слова. Несмотря на это, они очень обидчивы и терпимы к своему партнеру.

Самым большим препятствием для них является то, что они никогда не слышат советов от других, хотя очень в них нуждаются.

Они обладают магнетической силой и достигнут выдающихся успехов в государственной деятельности, если будут работать с увлечением.

Металлический Тигр дружелюбен с коллегами, и в результате он может получить карьеру, в которой он может течь благодаря полученной поддержке.

Металлический Тигр - прекрасный исследователь, он очень приветлив, проницателен, настойчив, не останавливается ни перед чем, пока не добьется своего.

Но если что-то идет не так, он становится невероятно злым. Тем не менее терпение может спасти Металлических Тигров от многих неудач.

Металлический Тигр очень разговорчив. Он всегда любит проявлять активность, иногда с плохим характером.

Несмотря на то, что он старается поддерживать внушительный имидж, он индивидуалистично и тщеславен, любит конкуренцию и может упорно работать, если его увлечь.

Водяной тигр

Водяной Тигр обладает особой способностью к усвоению нового, и они являются экспертами в области искусства.

Они обладают высоким чувством собственного достоинства и практически никогда не принимают рекомендации других. Несмотря на это, они вряд ли потерпят неудачу, что часто вызывает зависть.

Водные Тигры добьются большего в своей жизни, если будут милосердны и попросят помощи у своих друзей. Им следует быть осторожными при принятии важных решений и в чрезвычайных ситуациях. Им не следует быть столь доверчивыми, иначе их ждут большие разочарования.

Водяные Тигры - сердечные, с цепким умом и рациональным мышлением, они любят неизведанное. Они не теряют самообладания даже в сложных обстоятельствах, поскольку обладают невероятной ясностью мышления. Когда происходит что-то, выбивающее их из привычного ритма, они не спешат и расчетливо и холодно планируют свои мысли, что повышает их самооценку.

Искренний и всегда готовый принять новые идеалы и уроки, Водяной Тигр обладает даром беспристрастного взгляда на все. Вода смягчает характер Тигра, наделяя его способностью ясно видеть, где правда, а где обман.

Этот Тигр чувствителен к чувствам других людей. Тонкая интуиция и проницательность в общении с людьми дают им возможность успешно обучаться профессиям, связанным с журналистикой или связями с общественностью.

Это реалистичный Тигр, умеющий контролировать свои эмоции и восприимчивый к эмоциям других людей.

Он ведет дела в специализированной манере, редко ошибается и является прекрасным проповедником. Его умственные способности привилегирован по сравнению со средними. Как и другие Тигры, он часто откладывает дела на потом.

Он менее импульсивен, чем другие Тигры, потому что умеет контролировать свои порывы.

Деревянный тигр

Деревянные Тигры коммуникабельны и любят работать в команде для достижения коллективных целей. Они умеют использовать свой интеллект и принимать правильные решения, когда это необходимо.

Однако, как правило, они обращают внимание только на поверхностную часть ситуации и редко вникают в ее принципы, что приводит к упущенным возможностям.

Деревянные Тигры всегда активно выполняют задания, выходящие за рамки их возможностей, что иногда заканчивается неудачами и разочарованиями. Чтобы не оступиться на работе, им настоятельно рекомендуется учиться у других.

Деревянный Тигр обладает особенно хорошим темпераментом, он

юмористичен и очень весел. Этот Тигр легко вникает в проблемы других людей, помогая им их решать.

От других Тигров его отличает способность соглашаться и учитывать проявления других людей. Для того чтобы быстро получить плоды, ему необходимо проявить немного твердости и спокойствия.

Он не жесток, как другие Тигры, и может быть деликатным. Это проницательный руководитель, умеющий дать разъяснения и направить работу на достижение наилучших результатов.

Несмотря на все вышесказанное, иногда он будет избегать принятия на себя обязательств.

Деревянный Тигр очень формален даже в своих развлечениях. Как и другие Тигры, он мало способен к самодисциплине, и ему не следует принимать больше, чем он может переварить.

Он любит дружбу и товарищество, но нуждается в свободе, и ему будет не очень хорошо с собственническим, навязчивым и эмоционально требовательным партнером.

Он очень щедр и не любит подлости в других.

Идеальным спутником жизни станет тот, кто разделяет его идеалы, чувство веселья и стремление к жизни.

Огненный тигр

Огненный Тигр оптимистичен, но слаб в самоконтроле, так как для него лучший момент — это настоящий. Они полны энтузиазма, поэтому совершают много ошибок.

Огненные Тигры очень самостоятельны и никогда не поддаются земным препятствиям и проблемам. Никто не может представить, о чем они думают из-за своего бродячего образа жизни.

Огненный Тигр - прирожденный проводник в любой профессии, он остроумен и весел, всегда готов заразить всех своей неиссякаемой энергией.

Он уверен в своих силах, усердно делает только то, что его привлекает, а если это не получается, он не испытывает страха, не разочаровывается, наоборот, продолжает двигаться к своей цели.

Во всех своих целях Огненный Тигр не всегда пользуется поддержкой окружающих, потому что они не всегда его понимают, а самое страшное - боятся показать.

Огненному Тигру трудно противостоять своему азарту и огромному настроению, поэтому он всегда готов к действию.

Он любит быть в движении, испытывать новые ощущения и совершать захватывающие открытия.

Единственное, в чем вы можете быть уверены, — это то, что вы всегда будете яркими и влиятельными. Элемент Огня делает Тигра еще более экспрессивным.

Этот Тигр способен произвести впечатление на любого. Он точно знает, как использовать свою энергию на работе и как добиться поставленных целей.

Он постоянно направляет свою напряженную энергию в нужное русло и быстро воплощает свои идеи в жизнь. Иногда он преувеличенно драматичен.

Он властный и благопристойный. Он очень жизнерадостен и не любит отказывать, когда его просят об одолжении.

У него всегда в голове есть цели, и, закончив их, он быстро приступает к новой задаче.

Земляной тигр

Земляные Тигры рефлексивны, поэтому они могут без проблем выражать свои мысли. Они объективны и уравновешены, имеют твердые убеждения и обладают потенциалом для поиска истины.

Земляные Тигры концентрируются на одном деле и не любят относиться к нему легкомысленно. Из-за своей магнетической ауры они всегда воспринимаются другими людьми по-другому.

Земляной Тигр невероятно счастлив и знаменит. Его всегда окружают друзья, партнеры, которым он с удовольствием служит. Земляной Тигр спокоен, серьезен, заботится о своем престиже. Им следует научиться считаться с мнением других людей, так как это облегчит им жизнь.

Этот Тигр обладает спокойным и рассудительным нравом. Он ласково относится к людям, умело и объективно действует. Он стремится к успеху, не спешит с выводами и редко теряет терпение. Окружающие знают, что он рассудителен и проницателен.

Элемент Земли в сочетании с Тигром наделяет Вас стабильностью личности и способствует большей сосредоточенности, что позволяет Вам работать быстрее и объективнее. Вы наблюдаете за происходящими с Вами событиями рентгеновским глазом и редко позволяете эмоциям заслонить от Вас обзор.

Земляной Тигр применяет свои таланты и способности в тех областях, с которыми он хорошо связан и которые могут принести ему существенный доход.

Иногда Земляной Тигр преувеличивает свою гордыню и становится бесчувственным, в основном, когда он чем-то увлечен.

Прогнозы на 2024 год

Тигр

Год Деревянного Дракона принесет препятствия в профессиональную сферу Тигра. Особенно важно, столкнувшись с этими трудностями, не допустить ошибок. Необходимо сохранять спокойствие и использовать свою мудрость.

Во избежание негативных последствий не стоит вступать в дискуссии с коллегами или клиентами. Тигры популярны своей самоуверенностью, это качество будет усиливаться, и они будут склонны идти на риск. Они могут добиться успеха, если в течение этого года сохранят дух соперничества и установят новые контакты или влиятельные связи.

Тем, кто имеет стабильную работу, предстоит пережить несколько сложных месяцев, и им потребуется терпение в общении с начальством.

Тигры обладают сильным финансовым чутьем, и год Дракона может предоставить им возможности для увеличения своих финансов. Однако им следует разумно распоряжаться своими финансами, использовать подходящие возможности и избегать импульсивных трат.

Год Дракона всегда многообещающ, но он может принести и трудности, которые позволят оценить способность Тигров к адаптации. Это год освоения новых горизонтов. Следует сосредоточиться на своих обязанностях, не стоит распылять силы и отвлекаться на бесполезные дела, это время накопления опыта.

Вы будете наслаждаться хорошими отношениями с окружающими, а тем, кто находится на начальной стадии романа или начинает его в год Деревянного Дракона, следует позволить отношениям развиваться в свое время. Спешка или ожидания на начальном этапе могут привести к кораблекрушению.

Для тех, у кого есть партнеры, год может быть насыщенным и интересным. Будут не только планы и надежды, которыми нужно делиться, но и новые возможности, которые появятся с изменением ситуации. Необходимо быть коммуникабельным, обсуждать все с партнером, делиться и прилагать совместные усилия.

Ваша харизма будет неотразима, но, если вы состоите в отношениях, сосредоточьтесь на углублении эмоциональных связей.

Вы должны серьезно поговорить с теми, кто создавал вам проблемы в жизни, потому что, хотя этот год и предназначен для укрепления дружеских связей, вы должны избавиться от тех, кто не вносит ничего положительного в вашу жизнь.

Тиграм рекомендуется бороться со стрессом и ежедневно заниматься спортом для поддержания физического и психического здоровья. Медитация может помочь им улучшить общее самочувствие. Следует отказаться от курения и укрепить свой разум.

Профилактика лучше, чем лечение, поэтому в случае любого заболевания немедленно обратитесь к специалисту. Следите за уровнем своей энергии.

Сбалансированное питание и регулярные физические нагрузки будут способствовать общему благополучию. Участвуйте в мероприятиях, стимулирующих умственную деятельность. Для снятия стресса практикуйте осознанность. Для поддержания оптимального состояния здоровья необходимо соблюдать баланс между работой и отдыхом.

Оформление дома в соответствии с требованиями фэн-шуй

Фэн-шу — это китайская философия, изучающая окружающую среду, основанная на теории июнь и я и пяти стихий.

Специалисты показали, что в древнем Китае регулярно выбирали участки на территориях, окруженных горами и имеющих реку. Это происходило не только потому, что такие территории обеспечивали главные критерии выживания, но и для того, чтобы соответствовать закономерностям, установленным Фэн-шуй.

Основная идея фэн-шуй - достижение равновесия между человеком и Вселенной. Если есть хорошие энергии, то есть и баланс, поскольку Фэн-Шуй влияет на судьбу каждого человека.

Изучая фэн-шуй, человек может работать над своей совместимостью с природой, окружающей средой и своей жизнью, чтобы достичь большего процветания и здоровья в жизни.

Теория пяти элементов

Теория пяти элементов является одной из составляющих Фэн-Шуй. Эти элементы играют важную роль в определении правильного Фэн-Шуй в каждом помещении. Этими элементами являются Огонь, Земля, Металл, Вода и Дерево, и каждый из них имеет свою специфику, символизирующую определенные аспекты жизни.

Пять элементов — это выражение, используемое в фэн-шуй для объяснения структуры природы. Эти элементы действуют совместно и должны быть всегда сбалансированы.

Фэн-шуй для двенадцати знаков китайского гороскопа

Знак Крысы

Вода благоприятствует людям, родившимся под знаком Крысы, она помогает им обрести благополучие. Чтобы добиться изобилия, им следует поставить аквариум с золотыми рыбками в северной части офиса.

Знак Бык

Люди этого знака достигнут процветания, если будут использовать стихию Огня. Для этого им следует разместить фарфоровые или керамические изделия на своих предприятиях или в офисах, а также в своих домах.

Знак Тигра

Стихия земли — это то, что следует использовать людям, принадлежащим к знаку Тигра. Им следует добавить что-то соответствующее, символизирующее стихию земли. Горшечное растение или естественно растущий цветок могут принести в их жизнь процветание.

Знак Кролика

Для удачи и привлечения изобилия людям знака Кролика необходим тайный элемент земли в их жизни. Для этого следует спрятать нефрит или цитрусовый кварц в северо-восточной части дома или офиса.

Знак Дракона

Северо-Запад отлично подходит для тех, кто родился под знаком Дракона. В этом направлении им следует поставить чашу с чистой водой, смешанной с небольшим количеством земли. Другой вариант - поместить в чашу цветок лотоса.

Знак Змеи

Процветание придет в жизнь людей, принадлежащих к знаку Змеи, если они будут использовать в своем доме или офисе металлические предметы, в частности золото и серебро.

Знак Лошади

Северо-запад - рекомендуемое положение для людей знака Лошади, чтобы получить большой капитал. Им следует поместить металлическую лягушку на северо-западе своего дома или предприятия.

Знак Козы

Север - соответствующая кардинальная точка для людей, родившихся под знаком Козы. Им следует поместить небольшую деревянную шкатулку или другой деревянный предмет на севере своего офиса или дома.

Если используется деревянная коробка, то в нее нужно положить предмет, связанный с их профессией. Например, писатель может положить в коробку карандаш.

Знак Обезьяны

Для того чтобы в жизнь людей, родившихся под знаком Обезьяны, пришло благополучие, им следует поставить растение своего размера или больше в этой кардинальной точке на западной стороне дома или предприятия.

Знак Петуха

Удача придет в жизнь тех, кто принадлежит к знаку Петуха, если они положат несколько семян в стакан, бутылку или чашу темно-красного цвета. При этом не следует использовать металл.

Знак Собаки

Людям, принадлежащим к знаку Собаки, следует отказаться от элементов Воды и Земли в своей жизни. Они могут поставить в своем офисе или доме поленья или ветки растений, но нельзя ставить их в Воду или Землю.

Знак Свиньи

Людям, родившимся под знаком Свиньи, для привлечения удачи необходим элемент Огня в их жизни. Они могут поставить в своем доме керамический поднос или другие предметы из глины.

В этот год Дракона следует носить браслеты или браслеты из жемчуга.

Амулет с фигуркой Дракона или куранты с кристаллами "Фэн-шуй удачи" следует поместить на юго-востоке дома или в семейной зоне спальни, кабинета.

Не забудьте украсить свой дом зелеными растениями, натуральными цветами разнообразных расцветок, фотографиями, картинами или изображениями, характеризующими пейзажи и сады.

Также следует использовать деревянные украшения и не размещать фотографии умерших членов семьи рядом с текущими семейными фотографиями, так как вибрации этих фотографий несут боль и отнимают у вас энергию.

Китайский Новый год имеет множество традиций, связанных с прощанием со старым и началом нового. Одна из традиций, которую мы рекомендуем соблюдать, - не готовить на домашней кухне в первый день китайского Нового года по лунному календарю, так как доставать острые инструменты, например ножи, привлекает дурную примету. Это может лишить удачи на весь оставшийся год.

Первые 15 дней китайцы празднуют Новый год, и, хотя иногда на это действительно не хватает времени, желательно подготовиться заранее.

Если вы успеете подготовиться заранее, это поможет вам привлечь благополучие. В этом году за два дня до наступления китайского Нового года, т. е. в четверг, 8 февраля 2024 года, начните делать глубокую уборку в своем доме. Не забывайте, что уборка в первый день Нового года считается плохой приметой, так как вы выметете всю свою удачу через парадную дверь.

В ночь перед китайским Новым годом, в пятницу, 9 февраля 2024 года, спланируйте и запишите все свои цели на год, если вы не сделали этого 1 января.

Запишите абсолютно все свои желания после Новолуния в пятницу 02.09.2024 в 5:58 вечера по восточному времени. Какие цели Вы хотите достичь в своей профессиональной деятельности, в сфере финансов, в любовной и семейной жизни? Напишите список для каждой сферы вашей жизни, которую вы хотите улучшить.

Если у вас есть возможность приобрести деревянный сундучок, то это будет идеальным вариантом, поскольку в него можно положить список желаний вместе с пиритовым кварцем и цитрином - камнями, привлекающими процветание и изобилие. В сундучок следует положить три китайские монеты, поскольку они являются традиционными символами изобилия.

Все, что вы положите в этот сундучок, будет защищать ваши желания и усиливать энергию процветания. Хранить сундучок следует в специальном безопасном месте, лучше всего на возвышенности, так как в этом случае вы сможете притягивать положительные энергии, находясь на видном месте.

Не забудьте надеть новую одежду, потому что она символизирует новые энергии, которые вы хотите привлечь в свою жизнь. Вам следует надеть какие-нибудь детали красного цвета.

В частности, в Новый год постарайтесь не расстраиваться, по возможности возьмите выходной, чтобы не волноваться из-за пробок и забот. Не забудьте зайти на рынок и купить пакет апельсинов, так как это символизирует приход благополучия в ваш дом в новом году.

Советы на 2024 год

Этот год благоприятен для личностного роста, поэтому следует использовать открывающиеся возможности и не только развивать свои навыки, но и осваивать новые.

Все, что вы делаете в 2024 году, — это инвестиции в ваше будущее. Это будет очень напряженный год, но его энергия обнадеживает, потому что год Дракона даст вам возможность добиться успеха. Однако для того, чтобы получить выгоду, необходимо изучить все имеющиеся варианты и проанализировать все возможности.

Вы должны быть внимательны и готовы выслушать все советы и помощь. При наличии силы воли и инициативы перед вами откроются новые двери.

В этот год Дракона предстоит многому научиться, но если вы примете вызов, то сможете не только продвинуться в своей профессии и увеличить доход, но и приобрести ценный опыт.

В год Дракона вы не только получите большую финансовую выгоду, но и, благодаря своей предприимчивости, найдете хобби, которое принесет вам благополучие.

Однако необходимо соблюдать дисциплину в расходовании средств и тщательно составлять бюджет, особенно если вы участвуете в исключительно крупных сделках.

Если в течение года вам придется подписывать контракты или заключать важные соглашения, необходимо проверить условия и все последствия.

Чтобы добиться наилучших результатов, необходимо вести сбалансированный образ жизни, заниматься спортом, соблюдать режим сна и правильно питаться. Вам будет полезно завести новых друзей.

В год Дракона жизнь может вести себя загадочно и притягивать удачные события, которые откроют перед вами множество возможностей. Шанс играет ключевую роль в вашей жизни в этом году, трансформируя ваше экономическое положение. После мая будет наблюдаться повышенная социальная активность, и Вы сможете получить массу удовольствия.

Это будет плодотворный год, в котором нужно будет принимать решения, совершать покупки и получать удовольствие.

Те, у кого есть партнер, обнаруживают, что, объединившись, они достигают большего успеха.

Это год, когда способность воспринимать возможности принесет много пользы, Год Дракона обладает огромным потенциалом, поэтому будьте открыты для возможностей и готовы к переменам и адаптации. Год Дракона вознаградит предпринимателей.

Сочетание знаков Зодиака с китайским гороскопом

Если объединить восточные и западные гороскопы, то поразительно, насколько они связаны и точны.

Китайский и западный гороскопы являются наиболее используемыми гороскопами. Если у вас есть возможность глубоко разобраться в них, то это облегчит вам их использование и централизованный подход.

Оба гороскопа основаны на положении звезд, но в китайском гороскопе используется 28 созвездий, а в западном - 88.

Оба варианта совпадают в том, что имеют 12 основных сегментов. Китайский гороскоп основан на 12 животных, управляющих каждым годом, а западный гороскоп - на 12 знаках, управляющих каждым месяцем.

Китайский гороскоп основан на лунном календаре и является самым древним из известных на сегодняшний день гороскопов. Ваш знак зодиака совпадает с вашим знаком в китайском гороскопе, но это случается нечасто.

Если бы это было так, то прогнозы были бы более точными.

Между знаками обоих гороскопов существует эквивалентность:

Овен/Дракон

Телец/Серпент

Близнецы/Лошадь

Рак/Коза

Лев / Обезьяна

Дева/Петух

Весы / Собака

Скорпион / Свинья

Стрелец / Крыса

Козерог/Бык

Водолей / Тигр

Рыбы / Кролик

Комбинации

Тигр

Овен/Тигр

Такое сочетание характерно для самых энергичных людей на свете. Они не отдыхают даже во время сна, потому что их время ценно во всех отношениях. Они очень умны и амбициозны, всегда находят способ достичь своих целей.

Тишина - их враг, потому что им необходимо быть в постоянном движении. Они никогда не испытывают страха или сомнений, а просто смело идут вперед. Они прекрасно ладят с друзьями, проявляя обаяние и приветливость.

Телец /Тигр

Это сочетание дает темпераментного человека, который всегда старается не показывать своих эмоций. Излишне осторожные, они могут потерять самообладание, столкнувшись с несправедливостью. Хотя Телец сдерживает упрямую энергию Тигра, никогда не стоит навязывать ему свое мнение. Они уравновешены и защищают свою честь с большой осторожностью.

Близнецы/Тигр

Эта смесь дает людям неиссякаемый запас идей и проектов, часто недостижимых. Они очень легкомысленны, но наделены большой жизненной силой и энтузиазмом. Мужество тигра предохраняет Близнецов от необдуманных решений. Они бесстрашные личности и всегда смотрят на все, что с ними происходит, с оптимизмом. Они всегда готовы к экспериментам, потому что не боятся риска. У них есть неиссякаемый источник энергии для реализации всех своих планов.

Рак/Тигр

Здесь сталкиваются противоположности: сила и лень, смелость и хрупкость. Эта борьба имеет необычайно сильное столкновение в жизни этих людей.

Это люди с непредсказуемым характером, и поэтому они жалко страдают от самых незначительных трудностей. Они неуверенны в себе и постоянно колеблются, так как очень сдержанны, ни у кого не спрашивают и не принимают советов.

Лев/Тигр

Этот союз необычайно силен и могущественен. Они неуязвимы, не боятся ничего и никого. Они амбициозны и всегда действуют смело и точно.

Обволакивающие и харизматичные, они умеют завоевать любовь и дружбу каждого. Несмотря на свою гордость, они никогда не стесняются быть добрыми.

Дева/Тигр

Эта смесь дает чувствительного человека, образец совершенства. Его поведение безупречно, вызывает восхищение и уважение. Ему можно доверять, потому что когда он помогает вам, то делает это от чистого сердца.

Он никогда не концентрируется на негативе, наоборот, всегда старается поддержать вас вежливым словом. Это психолог и хозяин жизни, обладающий способностью видеть суть вещей.

С радостью он всегда знает, что у каждой проблемы есть решение.

Весы/Тигр

Дружелюбные, мягкие и обходительные Либры/Тигры - прекрасные собеседники. Находиться в их обществе не только приятно, но и безопасно. Они никогда не обидят грубым словом, поймут, утешат и обязательно дадут ценный совет. Благородный и сильный Тигр уступает дипломатичным Весам, склонным к долгим размышлениям. Поэтому люди этого знака менее энергичны, но более вдумчивы и уравновешенны, чем остальные Тигры. Они не считают нужным навязывать свою точку зрения, не тратят энергию на пустяки. Зато они веселы, жизнерадостны, любят поговорить и окружить себя красивыми вещами, приятными людьми. Тигры/Либры стремятся к гармонии во всем, стараются жить в согласии с собой и окружающим миром.

Скорпион/Тигр

Такое сочетание дает личности бунтарские и неистовые. Каждый из этих знаков сверх самостоятелен, что придает ему решительности. Они убеждены в своей успешности и положительно воспринимают любые перемены.

Они достойны вашего доверия, потому что обладают медовым сердцем. Их честность и желание служить приносят счастье всем, кто их окружает.

Стрелец /Тигр

Эта смесь дает людей, которые не приемлют тревоги и депрессии. Они слишком оптимистичны, чтобы погружаться в такие грустные мысли. Они обладают талантом преодолевать трудности и всегда жизнерадостны.

 Люди любят их за то, что они очень общительны и дружелюбны, умеют спокойно воспринимать критику. Ничто в этом мире не меняет юношеского характера этих людей.

Козерог / Тигр

Когда эти два знака сопряжены, человек обладает сильным контролем над собой. Все трудности решаются спокойно и разумно.

В его правилах поведения нет слова "предательство", он исключительно добр, вежлив и отзывчив. Он не доверяет *случаям, и поэтому у него застенчивый вид.*

Водолей/Тигр

От этого сочетания веет радостью, нахождение рядом с ним дарит покой и счастье. Он оптимистичен, внушает доверие и очень любим. Он справляется с одиночеством и не ищет поддержки. Водолей креативен, обладает нестандартным мышлением.

Тигриные качества нейтрализуются, когда они принимают водолей кую интеллектуальность. Они свободно мыслят и никогда не стремятся к власти.

Рыбы/Тигр

Эти люди боятся перемен, ни о чем не беспокоятся и способны на решительные действия. Они сентиментальны и от природы щедры, никогда не испытывают зависти и имеют врожденное желание служить тем, кто в этом нуждается.

Они не наивны, поэтому не будут помогать тем, кто этого не заслуживает. Они обладают огромной интуицией, которая позволяет им не ошибаться в своих действиях. Они очень сдержанно относятся к своим личным проблемам.

Ритуалы начала китайского Нового года 2024

Китайский Новый год следует встречать с радостью, музыкой и великолепной семейной трапезой. Это время празднования и сосредоточения на удаче и процветании в наступающем году.

Следует надеть новую одежду, поскольку это символизирует новое начало. Для этого дня хорошо подходит резонансный цвет, например красный, который символизирует гармонию, удачу и благополучие. В ожидании Нового года старайтесь не надевать белую или черную одежду, так как в этих цветах обычно ходят на похороны.

Проведение уборки для подготовки к китайскому Новому году в виде ритуала является полезным. Такая уборка призвана отогнать злых духов, которые могут прятаться в углах дома. Обычно при этом меняют мебель или переставляют ее, подкрашивают краску в доме, ремонтируют поврежденные вещи, моют окна большим количеством воды.

Вечером того же дня, перед началом нового года, следует сделать уборку в доме, открыть все окна для проветривания, расставить белые и красные цветы во всех местах общего пользования.

Конкретно у входа следует разместить благовония корицы, сандала, эвкалипта, лаванды или сжечь лавровый лист. Лавр - растение, способное защищать, очищать и исцелять. Еще один способ привлечь в дом положительные энергии - сочетание корицы с лавровым листом. Сожгите лавровые листья и посыпьте их порошком корицы. Когда эта смесь будет зажжена, распустите дым по всем комнатам дома.

Необходимо хорошо окурить дом. Сахара — это действие по созданию дыма, с помощью благовоний, для ароматизации окружающей среды, а также для использования его в качестве инструмента очищения и взыскания.

Их особенность заключается в том, что они издают приятный аромат, который, как утверждается, обладает расслабляющими свойствами.

Многие люди используют благовония для изменения энергетических вибраций своего дома.

Если у вас есть благовоние, которое вы собираетесь передавать по дому, не забывайте делать круговые движения вправо.

Если вы намерены очистить личный участок, то начинать следует с *собственного тела, начиная с ног и заканчивая головой, а затем возвращаться к сердцу, делая при этом легкие круги.*

Поскольку это год Зеленого Деревянного Дракона, желательно иметь в своем доме пару деревянных драконов. Если у вас нет такой возможности, можно символизировать его изображениями, портретами или фигурками.

Еще одна рекомендация для 2024 года - покрасить некоторые стены своего дома в зеленый цвет.

Этот цвет символизирует процветание в текущем году. Не перенасыщайте свой дом зеленым цветом, помните о необходимости соблюдать баланс. Если вы переборщите с зеленым цветом, то привлечете в свою жизнь стресс.

Альтернатива или вариант - носить его с собой, в виде браслета, серег-подвески, маятника, шпалы, на кольце, брелоке или талисмане в кармане или сумочке, это сформирует ассоциацию богатства, укрытия и удачи в вашей жизни, доме или офисе.

Если вы сможете приобрести некоторые растения, такие как лаванда, рута или денежное растение, которые обладают способностью генерировать изобилие, а также способностью уходить и транс мутировать плохие вибрации, то вы не пожалеете об этом.

Поскольку вода - элемент, дополняющий дерево, фонтан у входа в дом будет привлекать благополучие. Не забывайте, что вода должна течь внутрь.

 Размещение фонтана в зоне богатства вашего дома, расположенной с левой стороны, сзади, если смотреть от входной двери, принесет вам много материальных выгод.

Наряду с зеленым, красный цвет является счастливым для 2024 года, его *следует использовать в своем доме, чтобы активизировать энергию удачи. Вы можете носить красный цвет на одежде или с каким-либо другим предметом, например шарфом, шапкой или браслетом, чтобы привлечь деньги.*

Китайский Новый год следует встречать с радостью, музыкой и великолепной семейной трапезой. Это время для празднования и сосредоточения на удаче и процветании в наступающем году. Следует надеть новую одежду, так как она символизирует новое начало.

Для этого дня хорошо подходит резонансный цвет, например красный, который символизирует гармонию, удачу и благополучие.

В ожидании Нового года избегайте носить белое или черное, так как именно эти цвета обычно надевают на похороны.

Проведение уборки для подготовки к китайскому Новому году в виде ритуала является полезным. Такая уборка призвана отогнать злых духов, которые могут прятаться в углах дома. Обычно при этом меняют мебель или переставляют ее, подкрашивают краску в доме, ремонтируют поврежденное, моют окна обильным количеством воды.

Об авторе

Помимо астрологических знаний, Алина А. Руби имеет богатое профессиональное образование, сертификаты по психологии, гипнозу, Рейки, биоэнергетическому целительству кристаллами, ангельскому целительству, толкованию снов, является духовным инструктором. Она владеет знаниями в области геммологи, с помощью которых программирует камни или минералы и превращает их в мощные амулеты или талисманы защиты.

Руби обладает практичным и целеустремленным характером, что позволило ей иметь особое, интегрирующее видение нескольких миров, способствующее решению конкретных проблем. Алина пишет ежемесячные гороскопы для сайта Американской ассоциации астрологов; их

можно прочитать на сайте
www.astrologers.com. В настоящее время
она ведет еженедельную колонку в
газете El Nuevo Herald на духовные
темы, которая выходит каждую
пятницу в цифровом виде и по
понедельникам в печатном. Также ведет
программу и еженедельный Гороскоп на
YouTube-канале этой газеты. Ее
астрологический ежегодник ежегодно
публикуется в газете "Diario las
Américas" под рубрикой Rubí Astrologa.

Руби является автором ряда статей по
астрологии для ежемесячного издания
"Today's Astrologer", ведет занятия по
астрологии, Таро, чтению ладоней,
исцелению кристаллами, эзотерике.
Ведет еженедельные видеосюжеты на
астрологические темы на YouTube-
канале "Нового Вестника". Ведет
собственную астрологическую
программу на телеканале Flamingo T.V.,
давала интервью нескольким теле- и

радиопрограммам, ежегодно публикует "Астрологический ежегодник" с гороскопом по знакам и другими интересными мистическими темами.

Она является автором книг "Рис и бобы для души", часть I, II и III, сборника эзотерических статей, изданных на английском и испанском языках, "Деньги для всех карманов", "Любовь для всех сердец", "Здоровье для всех тел", "Астрологический ежегодник 2021", "Гороскоп 2022", "Ритуалы и заклинания для успеха в 2022 году "Заклинания и секреты", "Астрологические классы", "Ритуалы и чары 2024" и "Китайский гороскоп 2024" - все на семи языках.

У нее есть свой канал на YouTube с темами по психологии, эзотерике и астрологии, где можно посмотреть видео о родственных душах, реинкарнации, языке тела, астральных *путешествиях, сглазе, заклинаниях и многом другом.*

Руби свободно владеет английским и испанским языками и сочетает в своих выступлениях все свои таланты и знания. В настоящее время она проживает в Майами, штат Флорида.

Более подробную информацию можно получить на сайте www.esoterismomagia.com.

Ангелина А. Рубина - дочь Алины Рубиной. С детства интересовалась всеми эзотерическими предметами, с четырех лет занималась астрологией и каббалой. Владеет Таро, Рейки и геммологи ей. Она является не только автором, но и редактором всех книг, изданных ею и ее матерью.

За дополнительной информацией обращайтесь к ней по электронной почте: rubiediciones29@gmail.com.